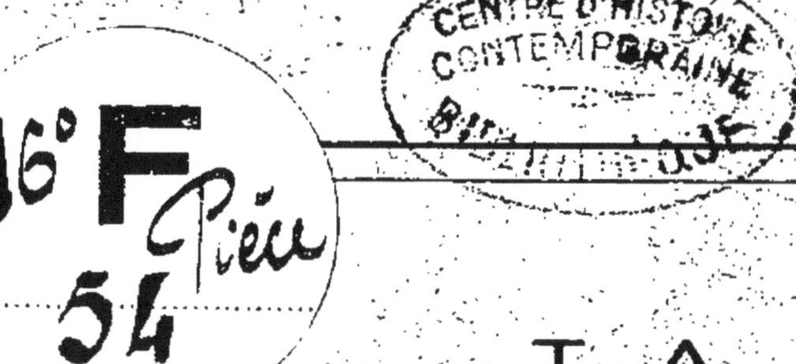

LA RECHERCHE de la PATERNITÉ

Par

LÉON AUBIN

ORLÉANS
IMPRIMERIE DU « PROGRÈS DU LOIRET »
59, rue des Carmes, 59
1910

LA RECHERCHE

de la Paternité

La question de « la Recherche de la paternité » est en train de faire le tour de la presse. Le dernier vote du Sénat en fait un sujet brûlant d'actualité. Sauf de rares exceptions, les journaux sont unanimes à approuver le mouvement de nos honorables sénateurs : il soulage l'opinion publique, libère la conscience des juges et marque un pas décisif vers un idéal de justice distributive dont nos lois semblent enfin vouloir s'inspirer. La *Libre Parole* et quelques autres feuilles de même nuance sont les seules à jeter une note discordante en criant à la décadence irrémédiable des mœurs. Le contraire nous surprendrait. Nous sommes habitués heureusement à leurs lamentations stériles ; elles ne sauraient arrêter les hommes de progrès. Et quoi qu'en disent les contempteurs du régime républicain, le texte législatif qui vient d'être adopté en première lecture au Sénat, fait le plus grand honneur à l'assemblée qui en a pris l'initiative.

Mais malgré les nombreux articles que la question de « la Recherche de la paternité » vient de suggérer aux écrivains de toutes sortes, publicistes, hommes politiques, jurisconsultes, philosophes, il semble que le lecteur non prévenu ne puisse avoir sur le sujet qu'une idée superficielle et très incomplète, car ce n'est toujours que partiellement qu'il a été traité dans les revues ou journaux. Qu'il nous soit donc permis d'apporter ici des développements précis et des explications détaillées, que la gravité de la question justifie et qu'il est de l'intérêt de tous de connaître.

Le droit de recherche de la paternité crée un état de choses nouveau d'une importance considérable, tant au point de vue philosophique, juridique, que social ; il ne saurait laisser aucun citoyen indifférent. Nous allons donc nous efforcer, dans l'unique but d'éclairer tous les esprits, de faire connaître en une forme condensée et avec la plus grande impartialité, toute notre opinion, toute notre pensée, sur une si palpitante question. Puisse la lecture de cette modeste étude, dont le seul mérite est d'être sincère, réveiller chez chacun de nous la conscience de nos devoirs et le véritable sentiment de nos responsabilités.

Ceci dit, nous entrons dans le vif du débat.

Au préalable, nous prenons la liberté, pour mieux préciser le sujet de ce travail, de rappeler l'état de notre législation actuelle en ce qui concerne « la Recherche de la paternité ».

L'article 340 du Code civil est ainsi conçu :

« La recherche de la paternité est interdite. Dans le cas d'enlèvement, lorsque l'époque de cet enlèvement se rapportera à celle de la conception, le ravisseur pourra être, sur la demande des parties intéressées, déclaré père de l'enfant. »

Tel est, dans son laconisme brutal, le texte légal — qui, d'autre part et par contre, grâce à l'article 341 du même Code, proclame et admet la recherche de la maternité.

La paternité naturelle, aux termes mêmes du Code civil, ne peut résulter que de la déclaration du père lui-même, faite en un acte volontaire et authentique de reconnaissance ; la loi en interdit rigoureusement la recherche, — sauf dans un cas cependant, dans le cas d'enlèvement. Et encore, faut-il, en cette dernière circonstance, que, conformément à la jurisprudence constamment admise, cet enlèvement ait eu lieu avec violence et qu'il ait été suivi de la séquestration de la femme. Autant dire, en un mot, que, d'une façon générale, la recherche de la paternité est absolument défendue.

Nous savons qu'on viendra objecter que beaucoup de jeunes filles séduites puis abandonnées, obtiennent, aujourd'hui, facilement, en justice, des dommages et intérêts que leurs séducteurs sont obligés de leur allouer.

Une jurisprudence plus humaine, plus généreuse que rigoureusement logique en décide en effet ainsi. L'article 1382 du Code civil, qui dit : « Que tout fait quelconque de l'homme, qui cause à autrui un dommage, oblige celui par la faute duquel il est arrivé à le réparer » reçoit ici une heureuse mais incomplète application. Car n'oublions pas qu'il s'agit en l'espèce d'une simple allocation d'indemnité et non d'une reconnaissance d'enfant. Et, grâce à cette jurisprudence, apparaît cette curieuse inconséquence juridique qui veut qu'un tribunal, devant lequel une fille-mère actionne son séducteur, ne puisse trancher qu'une question de dommages et intérêts (point accessoire au fond), et soit dans l'obligation absolue de ne pas se préoccuper de la question de filiation (cause initiale de l'instance en réalité), laquelle doit être passée sous silence. En d'autres termes, une femme peut réclamer en justice des dommages et intérêts à son amant, pour le préjudice matériel et moral que ce dernier lui a causé en la rendant mère, mais elle ne peut, malgré les preuves les plus évidentes et les plus tangibles, elle ne peut, disons-nous, l'obliger à reconnaître l'enfant, fruit naturel né de leurs rapports sexuels : la loi s'y oppose, ainsi le veut le Code, « dura lex, sed lex » !...

Il y a là manifestement une étrange équivoque, une contradiction violente, qui froisse le plus élémentaire bon sens.

*
* *

La loi n'en existe pas moins, avec son texte brutalement rigoureux qui lie le juge, bon gré mal gré ; et il semble intéressant de rechercher dans l'histoire de notre droit, par l'étude comparée des législations successives, les raisons qui ont pu motiver la rédaction de cet article 340 — lequel interdit si formellement la recherche de la paternité. Cette reconstitution historique sera pour nous vraisemblablement pleine d'enseignement et nous aidera à établir de sages propositions.

L' « Ancien Droit », c'est-à-dire le droit en usage avant la Révolution, admettait, lui, la recherche de la paternité, et cela sans réserve ni restriction ; il s'inspirait de la fameuse formule du jurisconsulte Loysel, ainsi conçue : « Qui a fait l'enfant doit le nourrir ».

Les règles applicables à la matière étaient des plus simples ; elles se résumaient en la maxime du président Fabre : « Creditur virgini paturienti... » qui obligeait le juge à s'en rapporter à la déclaration de la jeune fille lors de ses couches.

Bien que tempérée par la jurisprudence des Parlements, l'application de la célèbre maxime entraîna et provoqua des procès scandaleux.

C'est contre eux que s'éleva, en 1770, dans

un violent réquisitoire, devant le Parlement de Grenoble, l'avocat général Servant. On l'a depuis fréquemment invoqué pour justifier l'interdiction de la recherche de la paternité. Mais en réalité on a donné à ses paroles une interprétation qu'elles ne comportaient pas : jadis, sans être admis à se justifier, l'homme désigné par la jeune fille en couches comme étant le père de l'enfant naissant, était irrévocablement condamné et chargé d'une paternité — souvent hypothétique, nous voulons dire, pour nous servir d'un terme de droit — purement putative.

Tout le réquisitoire de l'avocat général Servant roule uniquement sur les abus des déclarations de grossesse et sur les excès auxquels, grâce à cette affirmation, des femmes sans scrupules pouvaient se livrer ; il ne dit pas autre chose et n'attaque en quoi que ce soit le principe même de la recherche de la paternité.

La Convention nationale, s'inspirant des idées si éloquemment développées par Servant, abandonna l'ancienne législation et consacra, en Brumaire an II, des règles nouvelles, dont nous retrouvons des traces dans ce que l'on appelle le « Droit intermédiaire » : elle mettait sur le pied d'une égalité absolue les enfants issus on non de familles légitimes. Elle permettait aux enfants naturels de rechercher leur paternité, — mais, alors que le « Vieux Droit » laissait à cet égard toute licence aux plaideurs et admettait toute espèce de preuves, la Convention réglementa cette recherche, revisa l'ancienne procédure et subordonna les droits successoraux de l'enfant à la preuve de sa filiation résultant soit d'écrits publics ou privés du père, soit de la possession d'état caractérisée par les soins et la cohabitation.

Le Code civil, qui fut promulgué en 1803, n'a pas maintenu ces dispositions libérales du « Droit intermédiaire » ; il inaugura une législation toute nouvelle en interdisant purement et simplement, par l'article 340, dont nous connaissons le texte, la recherche de la paternité.

Pour en arriver à une telle prohibition, il faut qu'un grand mouvement de réaction dans les esprits se soit produit au lendemain même de la Révolution. Nous en trouvons la manifestation significative dans les déclarations du tribun Lahary, qui, pour justifier les rigueurs de l'article

340, proclame qu'il faut repousser les abus du passé qui permettaient à des intrigantes de s'introduire dans les familles les plus distinguées ; il comptait aussi que les femmes garderaient plus de réserve lorsqu'elles sauraient qu'elles pourraient être exposées à subvenir seules à l'entretien d'un enfant né hors du mariage.

Son collègue Duveyrier s'appuyait, lui, sur le scandale de ces inquisitions judiciaires qui, pour secourables pour l'enfant, portaient toujours la discorde dans les familles, et élevaient le chantage à la hauteur d'une institution officielle.

Quant au jurisconsulte Bigot de Préameneu, l'auteur du texte de l'article 340, il se retranchait dogmatiquement derrière l'impossibilité d'établir la preuve de la paternité, — la nature ayant couvert d'un voile impénétrable la transmission de notre existence.

Telles sont les étapes successives de la législation sur la matière ; telles sont, aussi, les raisons, les arguments, les motifs qui ont poussé le législateur à adopter, il y a plus de cent ans, une mesure —

que certains qualifient aujourd'hui de monstrueuse, d'impudente.

Que devons-nous en penser ?

L'article 340, en décrétant l'irresponsabilité de tout un sexe, n'a-t-il pas été la mise à jour d'une classe de malheureux orphelins ? Et rien n'est-il pas plus contraire à l'égalité que de faire retomber les conséquences d'une faute commune ou d'un acte commun, comme on voudra l'appeler, sur un seul des deux auteurs ? Et sur lequel encore ? Sur le moins en état de nourrir un enfant dans les conditions économiques de notre Société actuelle.

Si paradoxal que cela paraisse, il semblerait, en lisant le texte du fameux article, qu'on ait voulu mettre l'homme à l'abri de la séduction de la femme, et le protéger contre les entreprises hardies de cette dernière, — à moins, à moins, disons-nous, que, comme l'ont insinué quelques philosophes impitoyables, on ait voulu soustraire le mâle aux conséquences fâcheuses d'habitudes de licence et de débauche contractées en temps de désorganisation... Nous croyons que cette interprétation cruelle est par trop excessive et qu'il vaut mieux voir dans la prohibition faite à l'avantage de l'homme, la conscience exagérée du droit de ce dernier qui arrive à faire bon marché du droit d'autrui : les hommes seuls confectionnant les lois, promulguant les décrets travaillant dans une collaboration égoïste à l'établissement des règlements divers, ont parfois fait ces lois, ces décrets, ces réglements trop en leur faveur ; ils ont eu trop souvent des hésitations, des scrupules, des susceptibilités, des tendances, qui les ont poussés à trop ménager leurs intérêts propres, sans nul souci d'intérêts d'autres aussi respectables que les leurs !... Et ce n'est pas sans amertume, qu'en plein XXe siècle, nous voyons encore dans nos Codes de ces dispositions surannées qui sont, nous disons le mot, une honte, une tare morale pour une civilisation qu'on se plaît à proclamer avancée !...

L'article 340 reflète visiblement un égoïsme de caste, exclusif et intransigeant, que les arguments tirés de l'inviolabilité de la famille ou des difficultés d'établir la paternité ne sauraient masquer. Nous ne nous arrêterons pas à ces dernières objections : elles sont trop spécieuses et trop fragiles pour retenir notre attention ; car nul ne contestera qu'il est de nombreux cas où, sans tomber dans l'arbitraire ni l'abus, il est aisé de fixer matériellement les liens de la paternité. Quant à la famille, elle ne peut être moralement ni socialement un obstacle à une reconnaissance que dicte une loi naturelle immuable...

Le caractère rigoureusement étroit et hautain dans lequel elle s'incarne encore aujourd'hui, la famille bourgeoise, cette forme parfaite de l'égoïsme social, s'en trouvera peut-être un peu altéré, le jour où la recherche de la paternité sera définitivement admise.

Qu'importe ! Il convient même de s'en féliciter, car la famille, elle aussi, doit évoluer, doit s'émanciper, s'agrandir, s'élargir, jusqu'à ce que, en un rayonnement immense, elle englobe la société entière — qui deviendra ainsi une vaste famille, une, indivisible et totale : à ce moment-là seulement elle sera vraiment sacrée !

Hélas ! nous sommes loin de la réalisation d'un pareil rêve, et notre législation, odieusement inhumaine, nous vaut chaque jour de douloureuses représailles et nous rappelle sans cesse à la triste réalité.

Car que dire, notamment, des conséquences déplorables qu'a enfantées, qu'enfante aujourd'hui même, qu'enfantera encore demain l'inexorable article 340 ! Pour ne parler que des principaux ravages que son application sévère provoque, nous ne citerons que l'augmentation effrayante des crimes contre l'enfant, la multiplication saisissante des avortements et des suicides, le développement exagéré de la prostitution et du dévergondage, la dégradation profonde de la femme privée de toute protection légale, la création d'une caste de parias, la dépopulation, etc., etc. Ces ravages sont d'une évidence trop douloureuse pour qu'il me soit nécessaire d'insister davantage...

Voilà les fruits d'une législation dont rien jusqu'à ce jour n'est venu tempérer la rigueur.

A peine promulguée, l'opinion publique comprit, du reste, tout le danger que faisait courir à l'état social une loi draconienne ; et, dès 1811, des « tours » furent créés dans toute la France pour recueillir les bâtards abandonnés. Hélas, il y a plus de cinquante ans que, faute d'argent, ces « tours » durent disparaître... Depuis, grâce à un article du Code civil toujours en vigueur, tout un lamentable troupeau de malheureuses filles-mères flanquées de chétifs enfants reniés par leur père, connaît des misères affreuses, — des misères où germent les pires ferments de haine et de débauche, de vice et de souffrance, où germent, disons-nous, les plus belles fleurs du mal et de la douleur, les plus puissants éléments de désorganisation sociale !...

Telle est la résultante d'une fausse conception du droit. Il nous faut, coûte que coûte, revenir à une doctrine plus saine des devoirs de chacun.

Un grand principe de justice et d'équité doit animer toute législation : ce grand principe est celui qui proclame hautement que chacun doit être responsable socialement de tous ses actes, et cela sans limite, ni restriction, ni excuse. Il ne saurait exister dans une société bien constituée une classe de privilégiés : la loi doit être la même pour tous.

Et c'est au nom de ce grand principe d'égalité que, rejetant dédaigneusement les arguments ou les objections de rhéteurs égoïstes, nous concluons hautement que, contrairement aux dispositions de l'article 340, la recherche de la paternité doit être admise. Cette mesure aura pour effet de réhabiliter la femme aux yeux de la société et de la protéger, comme aussi de faire de l'enfant naturel non un ilote, mais un homme ! Elle effacera de nos lois une maxime souverainement inique, et consacrera le principe essentiellement juste de la responsabilité du père au regard de l'enfant, — que cet enfant soit né dans le mariage ou soit issu de l'union libre, dernière forme et forme parfaite, à notre avis, du contrat d'association individuelle...

D'ailleurs, l'adoption de notre thèse ne nous fera arriver que bien tardivement à la remorque de nombreuses puissances étrangères, qui, depuis de longues années déjà, nous donnent, en vain, hélas ! les plus salutaires leçons et les plus encourageants exemples. En Espagne, au Portugal, en Belgique, en Autriche, au Danemark, en Suisse, en Angleterre, aux Etats-Unis, en Allemagne même, le droit de recherche de la paternité s'exerce très largement. Seule des grandes puissances de l'Europe, la Russie, l'autocratique et primitive Russie, ne reconnaît aucun droit à l'enfant illégitime. Sa législation s'inspire de la nôtre ; là encore l'entente franco-russe semble vouloir cimenter son alliance des mêmes abus : nous n'avons pas à nous en féliciter !

*
* *

Le principe de la recherche de la paternité étant admis, il nous reste maintenant à déterminer dans quelle mesure, dans quelles conditions ce droit de recherche doit être appliqué, — comment, en un mot, il doit fonctionner, comment il doit s'exercer.

A la différence de la maternité, qui se révèle par des signes extérieurs (la grossesse, l'accouchement, etc.), la paternité, elle, est de nature incertaine.

Pour l'établir avec précision, il est indispensable de posséder, à défaut d'aveux explicites, des éléments d'appréciation exacts et solidement établis ; — car, sous prétexte de rendre l'homme responsable de tous ses actes, il ne faudrait pas qu'une législation trop imparfaite facilitât des abus ou des erreurs et fît revivre les procès scandaleux du XVIIIe siècle. L'ancien

Droit était fait au bénéfice arbitraire de la femme, ainsi que nous l'avons vu ; le Droit actuel est établi à son total détriment : c'est entre ces deux conceptions extrêmes qu'il nous faut chercher une sage mesure, satisfaisant et ménageant les intérêts de tous, de l'homme, de la femme, de l'enfant.

Nous nous trouvons ainsi amenés à formuler les propositions suivantes, — dont la plupart figurent, du reste, dans le projet de loi présenté, au Sénat, en 1908, sur l'Initiative de MM. Rivet et Bérenger et mis en discussion aujourd'hui même :

1re Proposition : L'article 340 du Code civil est abrogé ;

2e Proposition : La paternité hors du mariage peut être judiciairement déclarée :

1° Dans le cas d'enlèvement et de viol, lorsque l'époque de l'enlèvement ou du viol, régulièrement constatée, coïncide avec l'époque légale de la conception ;

2° Dans le cas de séduction accomplie à l'aide de manœuvres dolosives, abus d'autorité, promesse de fiançailles ou de mariage, se plaçant à une époque contemporaine de la conception, et, s'il existe de ces promesses de fiançailles ou de mariage une preuve écrite ou un commencement de preuve par écrit, dans les termes de l'article 1347 du Code civil, autorisant la preuve testimoniale ;

3° Dans le cas où il existe des lettres ou quelque autre écrit privé émanant du père prétendu et desquels il résulte un aveu non équivoque de paternité ;

4° Dans le cas où il y a eu cohabitation notoire entre le père prétendu et la mère pendant la période légale de la conception ;

5° Dans le cas où le prétendu père a pourvu ou participé à l'entretien et à l'éducation de l'enfant portant son nom, où, en un mot, il a fait acte de possession d'état.

3e Proposition : L'action en recherche de paternité ne sera pas recevable :

1° S'il est établi que, pendant la période légale de la conception, la mère a eu commerce avec un autre individu, ou si elle est d'une inconduite notoire ;

2° Si le père prétendu était, pendant la même période, soit par suite d'éloignement, soit par effet de quelque accident, dans l'impossibilité physique d'être le père de l'enfant ;

4e Proposition : L'action en recherche de paternité n'appartient qu'à l'enfant. Pendant la minorité de l'enfant, la mère a seule qualité pour l'intenter ;

Elle pourra être exercée en tout temps et ne sera jamais prescrite ;

En cas de décès de la mère, de son interdiction ou de son absence, l'action sera exercée par un tuteur « ad hoc » désigné à l'enfant, à la requête du procureur de la République, par le tribunal du lieu de la résidence de l'enfant ;

5e Proposition : La mère ne pourra exercer contre son séducteur, en son propre nom, que l'action en indemnité tirée de l'article 1382 du Code civil ;

6e Proposition : L'action est portée devant le tribunal du domicile du défendeur ou du lieu de l'accouchement ;

La reproduction des débats est interdite, sous les peines édictées par l'article 39 de la loi du 29 juillet 1881 et, seuls, les jugements devenus définitifs pourront être publiés ;

7e Proposition : Les effets de la reconnaissance judiciaire prévue par la présente réglementation sont les mêmes que ceux qui dérivent de la reconnaissance volontaire constatée par acte authentique ;

8e Proposition : S'il apparaît que le procès a été intenté de mauvaise foi, le tribunal civil saisi pourra, en rejetant la demande, prononcer contre le demandeur les peines édictées par l'article 400, paragraphe 2, du Code pénal, et en outre, l'interdiction de séjour. L'article 463 du Code pénal sera applicable.

***

Telles sont, dans leur essence et à notre avis, les propositions dont devrait s'inspirer tout projet de loi tendant à permettre la recherche de la paternité.

Le cadre de ce travail ou plutôt le peu de place dont nous disposons ne nous permet pas de nous étendre, comme il conviendrait, sur chacune des règles que nous avons formulées, ni d'en faire un examen critique ou juridique. Qu'il nous soit permis cependant de bien attirer l'attention du lecteur sur le soin méticuleux et prudent avec lequel nous avons envisagé toutes les éventualités ; avec lequel, aussi, nous avons essayé de préciser minutieusement un projet de législation offrant pour l'avenir des garanties de sécurité satisfaisantes, durables et sincères.

Ce projet est profondément humain dans la complexité de son texte, car il tend, ni plus ni moins, à faire disparaître, au nom du plus pur sentiment de justice, des abus odieux dont la fille-mère et le bâtard sont depuis plus d'un siècle les victimes expiatoires ; il tend aussi à policer nos mœurs.

En poursuivant la réalisation d'une réforme si équitable, nous dirons même si démocratique, nous n'avons d'autre but que d'atteindre un haut et sain idéal où la noblesse des intentions le dispute à l'altruisme des sentiments. Personne ne saurait donc rester indifférent à cette œuvre de belle solidarité sociale — qui, au reste, fait vibrer en ce moment toute l'opinion publique. Et le Parlement lui-même, trop longtemps réfractaire, vient, enfin, à la date du 7 juin dernier, de commencer au Sénat la discussion du projet Rivet — qui, depuis 1908, comme nous le disions tout à l'heure, attendait dans les cartons les honneurs des débats publics.

Ces débats viennent d'avoir lieu avec un succès retentissant : la proposition de loi Rivet a été adoptée par le Sénat en première lecture. Cette proposition n'est autre, au fond, que celle-là même dont nous venons d'énumérer les articles, — sous la réserve, toutefois, que, contrairement à nos conclusions, l'auteur du projet admet que l'action en recherche de la paternité soit exercée dans un certain délai et qu'elle puisse être prescrite, comme aussi il veut que l'affaire ne soit portée que devant le tribunal du domicile du demandeur.

En doctrine pure, les droits personnels étant imprescriptibles, il nous a paru indispensable et plus juridiquement logique d'admettre des dispositions moins étroites, moins égoïstes : la recherche de la vérité au surplus, ne saurait jamais être trop favorisée, à notre avis.

Nous allons même plus loin et nous déclarons que ce serait rendre caduque la loi avant son application même, que d'admettre la prescription en matière de recherche de la paternité : l'enfant quel qu'il soit doit toujours avoir le droit de démasquer son père, et cela en tout temps et en tout lieu. Les règles les plus élémentaires de la morale et de la justice en décident ainsi...

Peut-être, objectera-t-on que nous ne parlons pas en termes explicites des enfants adultérins et incestueux. Tout le monde sait que, d'après l'article 335 du Code civil, ces enfants jusqu'à ce jour ne peuvent être reconnus. Est-ce à dire qu'ils doivent vivre en parias dans notre société ? Nous ne le pensons pas. Mais l'étude de leurs cas nous ferait dépasser de beaucoup les limites que nous nous sommes accordées pour traiter le sujet des enfants naturels simples : nous nous ferons donc un scrupuleux devoir d'indiquer plus tard quelle législation devrait intervenir en faveur des enfants adultérins et incestueux — qui, eux aussi, ont droit à autre chose qu'à l'oubli.

Quoi qu'il en soit, il appartient, à cette heure particulièrement propice, il appartient, disons-nous, d'encourager l'action du Parlement. Une loi vient d'être votée en première lecture au Sénat ; elle contient quelques dispositions fâcheuses : il appartient au Sénat lui-même, sinon à la Chambre des députés, d'en faire rectifier le texte, pour, enfin, faire aboutir dans le sens par nous formulé, un projet de loi que réclament ardemment l'opinion publique et la conscience humaine.

A.

Orléans, 25 juin 1910.

Orléans, imp. du Progrès, 59, rue des Carmes.

www.ingramcontent.com/pod-product-compliance
Ingram Content Group UK Ltd.
Pitfield, Milton Keynes, MK11 3LW, UK
UKHW021032220726
13924UKWH00001B/268

9 782019 23763